AF253486

L'UNITÉ ITALIENNE

ET

L'UNITÉ ALLEMANDE

PAR

A. BAGARD

IMPRIMERIE DE LUNÉVILLE

45, Rue Gambetta, 45

1896

L'UNITÉ ITALIENNE

ET

L'UNITÉ ALLEMANDE

PAR

A. BAGARD

IMPRIMERIE DE LUNÉVILLE

45, Rue Gambetta, 45

—

1896

L'UNITÉ ITALIENNE

ET

L'UNITÉ ALLEMANDE

L'unité italienne.

Au moment où un prince italien fait ses préparatifs pour escorter l'empereur d'Allemagne sur le sol lorrain arraché à la France en 1870, il ne sera peut-être pas sans intérêt pour nos lecteurs de consacrer quelques lignes à ces affaires d'Italie qui coûtèrent à la France en 1859, 300 millions et 50.000 hommes, dans le but d'assurer l'indépendance de l'Italie qui lui valut son unité et dont les conséquences furent l'unité allemande si désastreuse pour notre pays.

La révolution italienne en 1848. Novare.

L'Italie ressent plus fortement que toute autre contrée le contre-coup de la révolution du 24 février 1848. Elle a à cœur de se venger des traités de 1815 qui ont placé sous la domination autrichienne deux de ses plus belles provinces, la Lombardie et la Vénétie. Dès 1846, des mécontents, désignés sous le nom de la « Jeune Italie », agitent les Etats de l'Eglise où quelques réformes sont devenues nécessaires. Les troupes pontificales ont facilement raison des insurgés qu'elles rejettent en Toscane. Le duc de ce pays les dirige sur la France. Le pape Pie IX, dès son avènement au trône pontifical (juin 1846), s'empresse d'accorder certaines libertés vivement réclamées par l'opinion publique. Le cabinet autrichien, alarmé par les libéralités du pape, renforce la garnison qui occupe la forteresse de Ferrare, ville des Etats de l'Eglise ; mais le pape trouve un appui dans le roi de Sardaigne, Charles-Albert. Bientôt à l'exemple de Pie IX, tous les souverains d'Italie accordent les concessions demandées par leurs sujets. C'est dans ces graves circonstances que la Révolution

Publié dans le *Journal de Lunéville* en août, septembre et octobre 1893.

française éclate et donne aux différents peuples l'idée de l'émancipation. La Lombardie surtout, soumise aux Autrichiens, se lève contre eux et le roi de Sardaigne leur porte secours. Tous les peuples italiens font des vœux pour être délivrés du joug qui les tient depuis si longtemps asservis. Dans les Etats de l'Eglise, les Italiens veulent que le pape déclare la guerre à l'Autriche ; il ne cède pas à ces exigences, mais il accomplit une réforme intérieure en remplaçant la constitution d'un ministère clérical par un ministère laïque, investi du droit de paix ou de guerre. Il porte par ce fait un coup à sa puissance temporelle. Les Autrichiens, après avoir évacué Milan, se replient derrière le Mincio et l'Adige, puis, avec une armée renforcée, attaquent les Piémontais, les repoussent jusqu'aux portes de Milan qu'ils occupent de nouveau le 5 août 1848. Charles-Albert conclut un armistice avec le général en chef autrichien Radetzky ; il ordonne l'évacuation de Venise qui se proclame république indépendante. Elle envoie à Paris une députation pour demander l'appui de la France ; celle-ci entre en négociations avec l'Angleterre et l'Allemagne pour offrir sa médiation entre l'Italie et l'Autriche qui déclare ne pas vouloir abandonner un pouce de terre, en se retranchant derrière les traités de 1815.

Au mois de mars 1849, pendant qu'une armée française fait le siège de Rome, Charles-Albert dénonce l'armistice conclu avec l'Autriche. Espère-t-il une intervention active de la France ? Toujours est-il qu'il passe le Tessin et marche à la rencontre de Radetzky ; mais celui-ci porte le théâtre de la guerre sur le Piémont même et bat complètement les Piémontais à la sanglante journée de Novare. Il force Charles-Albert à abdiquer en faveur de son fils Victor-Emmanuel qui conclut un armistice. Après de longues négociations, la paix se signe et le Piémont paie 75 millions de frais de guerre à l'Autriche.

Révolution de Rome de 1848.

Au commencement de novembre 1848, éclate une révolution terrible. Rossi, ministre de Pie IX, ancien ambassadeur de France à Rome, est assassiné au moment où il entre dans la salle des députés. Le lendemain, plus de 30.000 hommes entourent le palais des députés et demandent un ministère démocratique. Le pape refuse ce qu'on veut exiger de lui par la violence, il licencie sa garde suisse et quitte Rome le 26 novembre pour se rendre à Gaëte, petit port du royaume de Naples. L'ambassadeur français réclame l'intervention de la République ; le général Cavaignac, sans avoir même consulté la Chambre, envoie 3.500 hommes à Civita-Vecchia pour protéger la personne du Saint-Père dans le cas où Pie IX aurait pris le parti de se retirer en France. Après le départ du pape, la République romaine est proclamée. L'Autriche, toute-puissante en Italie, se propose d'envahir les Romagnes ; le roi de Naples veut rétablir le pouvoir temporel du Souverain Pontife ; l'Espagne menace d'intervenir. La France ne peut rester spectatrice indifférente devant ces interventions; le président de la République, d'accord avec le ministère, obtient l'autorisation de la Chambre pour envoyer une forte expédition à Rome dans le but d'établir un état de choses régulier. 12.000 Hommes sont confiés au général Oudinot qui, n'attendant pas toute son armée, éprouve un échec devant la ville de Rome. Il se cantonne à Pola et y reçoit ses renforts à quelques lieues de la Ville éternelle. Les Napolitains eux-mêmes, venus sur Rome, sont refoulés par le général Garibaldi. Oudinot fait le siège de la ville jusqu'au 1er juillet 1849, jour de la capitulation. La fuite de Garibaldi précède d'un jour l'entrée des Français qui a lieu le 3 juillet. Cette révolution a eu une durée de huit mois ; le Saint-Père ne rentre à Rome que le 12 avril 1850, avec la restauration de son pouvoir par les armes de la France.

Guerre de Crimée.
Le Piémont, quatrième allié.

Un traité d'alliance du 26 janvier 1855 a permis au Piémont de faire cause commune avec nous. A la prise du Mamelon-Vert, le 8 juin 1855, une colonne piémontaise, sous les ordres du général Canrobert, aide au succès de nos armes. Les soldats du général La Marmora, le 16 août suivant, contribuent au succès de Tracktir.

1859. — Guerre d'Italie.

Napoléon III a pris note de l'alliance piémontaise de 1855 ; les soldats sardes vont se retrouver avec les vainqueurs de Sébastopol. Un ministre italien, le comte de Cavour, a jeté le discrédit sur les Etats italiens pendant les discussions du traité de 1856. Peut-être a-t-il rêvé l'unité italienne au profit du Piémont. Toujours est-il qu'il a des relations intimes avec le cabinet des Tuileries; que le prince Napoléon, cousin de l'Empereur, épouse la princesse Clotilde, fille de Victor-Emmanuel, le 30 janvier 1859 et qu'au mois de mai de cette même année, Napoléon dénonce la politique écrasante de l'Autriche dans les provinces italiennes qui lui ont été cédées en 1815 et dont la possession, ébranlée en 1848, lui a semblé être confirmée par la journée de Novare. L'envahissement du Piémont par l'Autriche est le signal de la guerre. Napoléon III prend acte de cette invasion pour protéger Victor-Emmanuel. Dans sa première proclamation, il déclare que l'*Italie doit être libre des Alpes à l'Adriatique; que l'œuvre accomplie, nous aurons sur nos frontières* **un peuple ami qui nous devra son indépendance.** Le 10 mai, Napoléon quitte Paris; le 20, les alliés gagnent la bataille de Montebello; le 30 et le 31, celles de Palestro et de Turbigo; le 4 juin, celle de Magenta où le général de Mac-Mahon est un des héros de la journée; le 8 juin, les troupes entrent à Milan et les Autrichiens, au nombre de 150,000, sont dispersés à la célèbre bataille de Solférino. Le 11 juillet, la paix de Villafranca, entre Napoléon III et François-Joseph, est signée. Celui-ci cède à son vainqueur la Lombardie pour être remise à Victor-Emmanuel, mais il conserve la Vénétie. Le duc de Toscane ayant, ainsi que la duchesse de Parme, fait cause commune avec l'Autriche, avait été forcé de retirer ses troupes devant celles des armées alliées. Quelques semaines après les préliminaires de Villafranca, des intrigues piémontaises amènent les habitants de la Toscane et de Parme à demander d'être incorporés à la Sardaigne. On le voit, l'unité italienne est en voie de formation; les évènements qui vont suivre montreront l'habileté de la main qui ourdit les fils de cette politique. Napoléon III ne veut pas « **intervenir** » par la force pour la restauration des princes dépossédés. Cette résolution inébranlable amène la démission de son ministre des affaires étrangères, M. de Waleski et son remplacement par M. Thouvenel. Une lettre de Napoléon III à Pie IX, du 31 décembre 1859, conseille au Pape l'abandon des Légations et des Romagnes, provinces travaillées par la révolution; cet abandon pourrait assurer la jouissance paisible du reste de ses Etats. (N'est-il pas à propos de rappeler ici, qu'en février et mars 1831, Napoléon-Louis et son frère Louis-Napoléon, depuis Napoléon III, prenaient part à l'insurrection des Romagnes sous le pontificat de Grégoire XVI).

Une décision de Victor-Emmanuel du 21 janvier 1860,

appelle au poste de ministre des affaires étrangères, le comte de Cavour, qui a si chaudement plaidé la cause italienne au congrès de Paris, mais qui a quitté le ministère après la paix de Villafranca ; l'installation de M. Thouvenel en la même qualité a lieu le 24 suivant. La presse religieuse ne laisse pas passer inaperçue la tolérance du gouvernement à l'égard du cabinet piémontais ; elle se voit menacée par un décret du 29 janvier 1860 qui supprime l'*Univers*. Le 15 janvier 1860, M. Thouvenel, par une longue circulaire aux ambassadeurs français accrédités près des cours étrangères, cherche à démontrer que les Légations et les Romagnes, qui ont été l'objet d'une encyclique de Pie IX, ne font partie du domaine du Pape que comme des provinces annexées par suite de la guerre et de différents traités. Un décret de ce même jour supprime le journal religieux *La Bretagne*. Par une circulaire du 12 février à l'ambassadeur de France à Rome, M. Thouvenel regrette qu'il soit peut-être un peu tard pour protéger efficacement les Légations dont les populations semblent se dérober à l'autorité pontificale ; il rappelle à ce propos le refus de Pie IX de suivre un conseil que lui donnait Napoléon le 14 juillet 1859 de donner à ces provinces une administration laïque. Une circulaire du 17 février 1860 de M. Rouland, ministre des cultes, engage le clergé à la modération à propos du pouvoir temporel qui paraît menacé. Il montre Napoléon III à Rome et il insiste pour que le calme renaisse dans les esprits et que le peuple s'en remette à la sagesse du Souverain. M. Billaut, par une circulaire du même jour, enjoint aux préfets de surveiller certaines brochures relatives au pouvoir temporel et menace en même temps les prêtres qui, du haut de la chaire, ne cachent pas leurs pressentiments sur les intentions de Napoléon III relatives à ce même pouvoir.

Dans le discours d'ouverture des Chambres du 1er mars 1860, l'Empereur déclare n'avoir pas caché à son allié du Piémont son intention de ne pas le suivre dans sa politique d'absorption de tous les États d'Italie. Il rappelle ce qui s'est dit à propos des Romagnes qui, occupées avant la guerre par l'Autriche, s'étant trouvées isolées depuis, ont fait cause commune avec les alliés. Il conseille aussi la conservation de l'autonomie de la Toscane ; mais comme le Piémont agrandi devient un État de 9 millions d'âmes, il réclame le versant français des Alpes, c'est-à-dire la Savoie et le comté de Nice, non comme agrandissement territorial, mais comme garantie de frontière.

Relativement [à] ces annexions diverses, annexion à la France, annexions au Piémont, dans lesquelles les gou-

vernants se réservent le droit de consulter les populations,
le comte de Cavour fait connaître que de même il réclame
pour les habitants de l'Italie centrale le droit de disposer
de leur sort, il ne peut le refuser aux Italiens qui désire-
raient être annexés à la France.

Dans la crainte de voir le gouvernement accéder aux
vœux des unitaires italiens, les Chambres françaises se
font l'écho du sentiment public, et le marquis de Gabriac,
dans la séance du Sénat du 29 mars 1860, ne manque pas
de dire que le congrès de Vienne de 1815 a déjà placé du
côté du Rhin sur les flancs de la France 18 millions d'habitants et que l'unité italienne donnera une population au-
delà des Alpes de 25 millions ; que la France doit empêcher
ce développement unitaire, conséquence du droit européen
nouveau : le principe des nationalités.

Au mois d'avril 1860, pendant que les habitants de Nice
et de Savoie déclarent opter pour la France, le gouvernement de Turin qui a déjà fait procéder de la même façon
les habitants de l'Emilie et de la Toscane, fait incorporer
par le parlement ces provinces au royaume constitutionnel
de Victor-Emmanuel II.

Dans la séance de ce même parlement du 26 mai 1860, à
propos du traité qui annexe la Savoie et Nice à la France,
M. de Cavour rappelle avec à propos que *la guerre d'Orient
a valu au Piémont l'appui de la France ; qu'au moment de
la conclusion de la paix, il a trouvé dans la France ou pour
mieux dire dans l'Empereur* **une vive sympathie** *pour
l'Italie,* plus que dans l'Angleterre qui avait un respect scru-
puleux pour les traités de 1815. Il constate en même temps
que les **républicains modérés** de France ont donné constamment leur affection à l'Italie par la voie de la presse et
par d'autres démonstrations. Il conclut par la cession à la
France de ces deux provinces.

Garibaldi.

Le 18 mai 1860, le gouvernement piémontais, dans sa
note au *Journal officiel,* déclare « n'être pas de connivence
« avec Garibaldi qui a enrôlé des volontaires pour une ex-
« pédition en Sicile. Il *désapprouve* l'expédition, et il a
« cherché à l'empêcher par les moyens que la loi lui per-
« mettait. Néanmoins elle a eu lieu, malgré la surveillance
« des autorités locales et facilitée par la *sympathie* que la
« Sicile inspire au peuple. La flotte royale a reçu l'ordre de
» poursuivre les deux vapeurs garibaldiens, mais le débar-

» quement n'a pu être empêché. » Il a lieu en effet, à Marsala, petit port de Sicile. Le roi de Naples, François II, envoie en Sicile le lieutenant général Lanza pour rétablir l'ordre ; mais une dépêche du 30 mai, datée de Naples, annonce que Garibaldi est entré dans Palerme le 27 et s'est rendu maître de la ville. Le général Lanza a conclu un armistice avec Garibaldi qui exige l'évacuation du Château et du Palais royal. Le 6 juin, 18,000 Napolitains quittent leurs positions et sont campés près de Môle pour partir immédiatement. L'évacuation de Palerme est complète pour le 11 juin.

Paris, Turin, Rome et Naples.

Par un décret tardif du 25 juin 1860, le roi de Naples accorde amnistie pleine et entière pour les délits politiques commis jusqu'à ce jour ; il adopte le drapeau tricolore et nomme un prince de sa maison vice-roi de Sicile. C'est en vain que François II, par un arrêté du 1er juillet, remet en vigueur la Constitution de son père de 1848 ; qu'il convoque le Parlement pour le 10 septembre et les collèges électoraux pour le 19 août. Pendant que Napoléon III fait dans ses nouvelles provinces une excursion qui lui procure les félicitations des annexés, Garibaldi, maître de la Sicile, passe dans la nuit du 19 au 20 août à travers les vaisseaux en croisière dans ces parages, débarque près de Reggio et s'avance sur Naples au pas de course. Le *Moniteur* du mois d'août, resté muet pendant que ces évènements s'accomplissent, annonce par une dépêche du 5 septembre, que Garibaldi est près de Salerne, que le roi quitte Naples pour se rendre à Capoue et de là à Gaëte, Naples restant confiée à la garde nationale.

Napoléon III cependant fait annoncer qu'un renfort sera envoyé à Rome, que le gouvernement sarde est averti que le général de Goyon, commandant du corps d'occupation, est autorisé à étendre son action aussi loin que les *conditions militaires auxquelles elle est naturellement subordonnée peuvent le lui permettre.*

Pendant que tout le royaume de Naples est en révolte contre son roi, les provinces du Saint-Père s'insurgent également. L'insurrection éclate dans les Marches et l'Ombrie. Les pays soulevés envoient des députations à Turin pour obtenir la protection du Piémont.

Victor-Emmanuel, qui vient de faire sommer la Cour de Rome de renvoyer les troupes étrangères à son service sous le commandement du général Lamoricière, quoique ce général ait été autorisé par son gouvernement à former l'armée pontificale, accepte le protectorat qui lui est offert et ordonne, sans aucune déclaration de guerre, l'invasion des Etats pontificaux par 70.000 Piémontais sous la conduite de La Marmora et de Cialdini. Le général de Pimodan, à la tête d'une partie de la petite armée pontificale, livre, le 18 septembre 1860, a l'armée de Cialdini, de beaucoup supérieure en nombre, la bataille de Castelfidardo où le héros, après quatre charges successives, tombe percé de balles. Lamoricière passe à travers l'armée piémontaise et se jette dans Ancône, tandis que le reste de l'armée pontificale, entouré par les renforts piémontais, est obligé de capituler. La chute d'Ancône a lieu quelque temps après et Lamoricière devient le prisonnier de Cialdini.

Au *Moniteur* du 15 octobre, le gouvernement a bien soin de faire démentir le bruit que le général Lamoricière ait reçu l'avis d'un secours de l'armée française. Il se borne à faire connaître que « le gouvernement piémontais a, par » ses actes, encouru la désapprobation de l'Empereur ». Quant à Cavour, il s'alarme bien peu de ce désaveu public. Il sait que le gouvernement impérial n'*interviendra pas* et cette assurance lui suffit. Aussi l'armée française, renforcée, prend ses mesures pour préserver *seul* de l'invasion piémontaise le *Patrimoine de Saint-Pierre*. Et ce patrimoine, dont l'inviolabilité sera garantie par une convention du 15 septembre 1864, passera lui-même au Piémont, quand la France, (j'entends Napoléon III), écrasée sous le poids de ses fautes, ne pourra plus le soustraire à l'ambition piémontaise.

Fin du royaume de Naples.

Le roi de Naples, en quittant sa capitale au commencement de septembre, est suivi de Garibaldi, 7 septembre, qui proclame à son arrivée Victor-Emmanuel et ses descendants, roi d'Italie. Ses troupes s'occupent à couper les communications de l'armée napolitaine campée à Gaëte et à Capoue ; mais les échecs qu'elles éprouvent contrarient le gouvernement piémontais. Victor-Emmanuel arrive à Ancône le 3 octobre ; il annonce à ses troupes qu'il vient se mettre à leur tête. François II se plaint des procédés d'un monarque avec qui il n'est pas en guerre ; mais M. de Cavour lui fait savoir officiellement l'entrée de l'armée piémontaise sur le royaume de Naples. Il reconnaît alors la nécessité d'évacuer Capoue et il se retire au-delà du

Garigliano. Les troupes piémontaises, commandées par Victor-Emmanuel en personne, coupent les communications entre Gaëte et Capoue : cette dernière ville se rend, le 2 novembre, au général sarde Della-Rocca. Victor-Emmanuel, assuré d'un succès facile, laisse ses généraux aux prises avec l'armée napolitaine qui reste isolée ; il se rend à Naples, fait son entrée solennelle dans cette ville le 19 novembre, ayant à côté de lui Garibaldi auquel il serre la main en lui disant : *Merci !*

Garibaldi quitte la ville et se retire à Caprera. Le roi de Naples se trouve bloqué dans Gaëte ; la présence d'une flotte française dans les eaux de cette ville empêche seule son investissement par la flotte piémontaise. Deux mois s'écoulent ainsi sans autre résultat qu'une inutile effusion de sang. Un armistice, proposé par la France, est conclu le 8 janvier 1861 ; le 14 février, le roi de Naples quitte Gaëte sur un navire français et se rend à Rome. La chute de Gaëte entraîne celle du monarque qui succombe sous une invasion entreprise contre le droit des gens et pour ainsi dire unique dans l'histoire.

———————

Cavour.

Après la chute de Gaëte, le comte de Cavour contemple son œuvre qui est aux trois quarts achevée. Il se hâte de faire voter au Sénat italien, dans sa séance du 2 mars, la loi qui confère à Victor-Emmanuel II le titre de *Roi d'Italie.* Voilà le trop habile ministre arrivé à son but par toutes sortes de moyens. Il a dépouillé la duchesse de Parme et le duc de Toscane ; il a détrôné le roi de Naples en réunissant ses Etats à ceux de Victor-Emmanuel ; il a enlevé au Souverain Pontife les quatre cinquièmes des Etats de l'Eglise ; une seule chose lui manque, c'est *Rome,* Rome que Pépin et Charlemagne ont jugé utile de consacrer à la papauté pour assurer son indépendance. A propos de cette vieille capitale qui a été le siège de la puissance des Césars et des Souverains Pontifes, il montre bien son désir de la posséder, ainsi que les moyens d'arriver à ses fins par les paroles qu'il prononce au Parlement italien les 25 et 26 mars suivant :

« Il est impossible, dit-il, de concevoir une Italie
« constituée sans Rome capitale ..... Nous devons aller
« à Rome..... Si, ce que je crois impossible, la France se
« trouvait hors d'état de s'opposer à notre entrée dans
« Rome, nous renoncerions à y entrer en lui faisant

« violence.... Quand nous avons, en 1859, demandé l'appui
« de la France, l'Empereur ne se dissimulait pas les
« difficultés de la situation que cette guerre lui créerait avec
« la cour de Rome..... J'ai souvent combattu l'opinion
« de ceux qui voulaient absolument que le pape fît des
« réformes et le blâmaient de n'en point accorder. On me
« demandait au Congrès de Paris celles qu'on pouvait
« exiger. Je refusai d'en indiquer aucune. Je déclarai que
« le seul moyen de gouverner un pays sans occupation
« militaire était de séparer absolument le pouvoir spirituel
« du pouvoir temporel... Je déclare que *j'ai conspiré*
« *pendant douze ans* de toutes mes forces pour donner la
« liberté et l'indépendance à ma patrie..... J'ai conspiré
« en proclamant dans la presse, au Parlement, dans les
« conseils de l'Europe le but où je tendais..... Quand
« nous pourrons aller à Rome sans danger pour l'Etat, après
« avoir bien tout pesé, le plus tôt sera le mieux... Nous
« proclamons ce grand principe : l'Eglise libre dans l'Etat
« libre... Quelle que soit la manière dont l'Italie arrive à
« Rome, à peine arrivée, elle déclarera la déchéance du
« pouvoir temporel..... »

Mais Dieu ne lui laisse pas le temps d'accomplir son
œuvre ; il brise l'existence de cet homme qui veut dominer
le vicaire de Jésus-Christ ; et le 6 juin 1861, Cavour, à 52
ans, dans la force de l'âge, est emporté par une fièvre que
l'art des médecins les plus habiles ne peut éteindre. Laissons
annoncer sa mort par le *Moniteur* du 7 juin :

« Paris, le 6 juin.

« M. le comte de Cavour est décédé ce matin à sept
« heures. La mort de cet homme d'Etat emprunte aux
« circonstances présentes une importance exceptionnelle.
« Elle fait un vide immense en Italie, et la cause italienne
« perd en M. de Cavour son plus habile promoteur, l'homme
« qui s'attachait avec le plus d'autorité à la maintenir dans
« l'ordre monarchique.

« Le grand rôle de M. de Cavour a commencé à l'époque
« où il a été appelé à siéger au Congrès de Paris comme
« plénipotentiaire du Piémont et les évènements qui se sont
« depuis succédé si rapidement en Italie l'ont constamment
« trouvé à la hauteur des espérances qu'il avait fait dès
« lors concevoir. Aux regrets que va susciter sa perte parmi
« ses compatriotes, au deuil dont ils entoureront sa tombe,
« l'Europe, quelle que soit d'ailleurs la manière dont elle
« juge les actes de cet homme d'Etat, joindra ces vifs
« témoignages d'estime et de respect qu'inspirent toujours
« une conviction forte, un talent élevé, un ferme caractère.
« M. de Cavour était né en 1809. »

Après cette apologie d'un ministre perfide faite par le gouvernement français, il ne lui reste qu'une chose à faire, imiter les gouvernements prostestants et schismatiques d'Angleterre, de Prusse et de Russie qui ont déjà reconnu le nouveau royaume, car le cri de : « Sauvez-nous, nous périssons », a dû retentir de Turin à Paris. En effet, dès le 18 juin, le *Moniteur* annonce que « les feuilles de Turin « s'occupent exclusivement des bruits qui circulent dans « cette ville de la prochaine reconnaissance de l'Italie par la France ». Et le *Moniteur* du 25 juin l'annonce en ces termes : « L'Empereur a reconnu le roi Victor-Emmanuel « comme roi d'Italie. En notifiant cette détermination au « cabinet de Turin, le gouvernement de Sa Majesté a « déclaré qu'elle déclinait d'avance toute solidarité dans les « entreprises de nature à troubler la paix de l'Europe, et « que les troupes françaises continueront d'occuper Rome « tant que les intérêts qui les y ont amenées ne seront pas « couverts par des garanties suffisantes ».

La Convention du 15 septembre 1864.

L'Italie veut arriver à son unité ; mais les manœuvres des imprudents qu'elle a à son service servent mal ses intérêts. La France elle-même, la fille aînée de l'Eglise, se souvenant de son titre, ne se hâte pas de retirer ses troupes de Rome devant le foyer d'insurrection qui agite l'Italie tout entière ; mais jugeant qu'il est temps d'en finir, elle signe avec les plénipotentiaires italiens la Convention du 15 septembre 1864, par laquelle « l'Italie s'engage à ne « pas « attaquer le territoire actuel du Saint-Père et à empêcher « même par la force toute attaque venant de l'extérieur. « contre ledit territoire..... L'évacuation des troupes. « françaises devra être accomplie dans le délai de deux « ans. ... Le gouvernement italien s'interdit toute « réclamation contre l'organisation d'une armée papale « destinée à maintenir l'autorité du Saint-Père, pourvu que « cette force ne puisse dégénérer en moyen d'attaque contre « le gouvernement italien.... » Le départ de nos troupes est fixé au 10 décembre 1866. Mais l'attitude du gouvernement italien fait retarder ce départ.

Le pape Pie IX, toujours en proie aux sinistres prévisions qui l'obsèdent à propos de son pouvoir temporel qui reste menacé, malgré la Convention du 15 septembre, conserve néanmoins une lueur d'espérance, lorsqu'il songe à la

France ; et s'adressant le 3 avril 1866 à de nombreux Français venus à Rome pour solliciter une audience pontificale, il leur dit : « Je n'ai pas oublié ce que les « catholiques français ont fait pour le Saint-Siège. Je « n'oublierai pas qu'en 1848, c'est un ambassadeur de France « qui a favorisé mon départ pour Gaëte, et que c'est un « général français qui en 1849 m'a apporté les clefs de la « ville de Rome ». Et cependant, le gouvernement de 1848 paraît bien médiocre, bien précaire, 18 ans après, lorsqu'on se trouve en face de la toute-puissance de Napoléon III. Qui n'oserait espérer dans ces conditions ?

Au mois d'octobre 1867, Garibaldi, avec ses bandes, pousse le cri souvent répété de « *Rome ou la mort !* » Le général de Failly repousse le héros de Marsala aux journées d'Aspromonte et de Monte-Rotondo.

Tant que les soldats français restent à Rome pour défendre contre toute agression le patrimoine de Saint-Pierre, le territoire pontifical est à l'abri d'un nouveau coup de main. Mais la France s'est engagée imprudemment en 1870 dans une lutte contre toute l'Allemagne ; elle rappelle ses troupes de Rome sans y laisser son drapeau, se fiant à la signature que les deux parties contractantes ont apposée au bas du contrat d'il y a six ans. Le 6 août 1870, lorsque 4,000 Français abandonnent le Saint-Siège, Napoléon III en perd 10.000 à Wissembourg. Victor-Emmanuel oublie la nation dont il a recherché l'alliance en 1855, qu'il a suppliée en 1859 et dont l'intervention à cette époque a coûté à la France 300 millions et le sang de 50,000 hommes ; il perd de vue sa complice de 1860 et 1861 (toujours Napoléon III), qui a laissé intervenir seuls Victor-Emma nuel, Garibaldi, Cavour. Il ne sait plus qu'en 1866 il a pu, grâce à la bienveillante neutralité de la France, ajouter à ses Etats la Vénétie, quoique ses armées aient éprouvé deux revers, à Custozza et à Lissa. Non, il a tout oublié et non-seulement il n'intervient pas en faveur de celle à qui il doit tout en la laissant à la merci d'un ennemi implacable, mais il profite des revers de la France pour planter son drapeau à Rome et pratiquer cette maxime de Cavour : « Quand nous pourrons aller à Rome, le plus tôt sera le mieux ». Et le pape Pie IX, le vieil allié du père, devient le prisonnier du fils au Vatican !

L'UNITÉ ALLEMANDE

Guillaume

Un des intimes de Napoléon III, le comte de Persigny, ministre de l'intérieur en 1860, satisfait sans doute à cette époque de la tournure que viennent de prendre les affaires d'Italie et applaudissant en secret à cette tolérance coupable du maître, publie, au *Moniteur* du 5 décembre 1860, une circulaire dans laquelle, après avoir prôné les décrets du 24 novembre à l'égard de l'Adresse, il ne craint pas de dire qu' « en dépit de sinistres prophéties qui annoncent partout « que Napoléon sera emporté par la guerre au-delà de la « limite des véritables intérêts de la France, *sa sagesse*, « égale à *son courage*, l'arrête à cette limite. »

Le bulletin du *Moniteur* du 3 janvier 1861 annonce la mort du roi de Prusse, Frédéric-Guillaume IV et l'avènement au trône de Frédéric-Guillaume-Louis, prince régent, sous le nom de Guillaume. « Il y a tout lieu de compter, dit le « *Moniteur* du jour, que le changement de règne n'amènera pas de changement dans la politique ».

Le 4 janvier, le roi, répondant à une députation de Berlin qui lui exprime ses sentiments de fidélité lui dit : « Peut-« être, m'a-t-on autrefois méconnu.... J'ai l'assurance de « vos sentiments de fidélité. Il pourra venir un temps où je « vous le rappellerai ; c'est alors que je compterai sur le « dévouement du peuple qui déjà nous a relevés de situa-« tions difficiles.... » Et dans son manifeste : « ....Il n'est « pas dans la destinée de la Prusse de se reposer sur les « biens acquis..... Comme prince allemand, j'ai l'obligation « de fortifier la Prusse dans la position qu'elle doit pren-« dre pour le salut de tous parmi les Etats allemands en « raison de sa glorieuse histoire et de son organisation « militaire développée. » Ne voit-on pas dans ce discours la pensée de l'unité allemande comme la conséquence de l'unité italienne ? Un des héros de l'unité italienne, La Marmora, est envoyé à Berlin en « *mission spéciale* » le 26 janvier ; il est chargé en même temps de complimenter le nouveau roi. A son départ de Berlin, le 6 février, il emporte la décoration de l'*Aigle rouge*, première classe, avec diamants, sans doute comme témoignage de satisfaction de l'entrevue.

Dans une des séances de la Chambre des députés, le 7 février, un membre dépose un amendement invitant la Prusse à se mettre à la tête du mouvement unitaire de l'Allemagne. Cette Chambre, voyant dans le mouvement un danger sérieux, repousse l'amendement. L'idée unitaire poursuit néanmoins son chemin, car un étudiant de Leipsik, Oscar Becker, d'Odessa, attente aux jours du roi le 14 juillet 1861 à Bade, où il est allé prendre les eaux, sous prétexte qu'il ne marche pas assez vite dans le sens de l'unité allemande. C'est absolument comme les Italiens : Pianori, le 28 avril 1855 ; Tibaldi, Grilli et Bartolotti en août 1857 ; Orsini, Pierri, de Rudio, le 14 août 1858, qui attentent à la vie de Napoléon III, le considérant comme traître au serment qu'il a dû faire dans sa jeunesse au sujet de l'unité italienne. Que je regrette de ne pouvoir reproduire à cette place l'article de M. de Cumont dans l'*Ami du peuple d'Angers*, paru à cette époque, il y a 32 ans, établissant un parallèle entre Victor-Emmanuel et Oscar Becker et à l'avantage de ce dernier, article qui valut un avertissement au vaillant journal, comme « insulte à un Souverain allié de la France ».

Le 20 août de la même année, l'association nationale allemande décide la création d'une marine de guerre placée sous les ordres de la Prusse. Au mois de décembre suivant la Prusse adresse une dépêche à tous les États de la confédération dans laquelle elle les engage à remettre à l'*un* d'entre eux la direction de leurs intérêts politiques et militaires. Cette ambition de la Prusse est vue d'un mauvais œil par la grande partie des Souverains de la Confédération qui réprouvent cet acte qui consisterait à subordonner à la Prusse les pays qui feraient une pareille convention avec elle. Cependant la Prusse repousse la réponse collective et pour le fond et pour la forme.

Évènements de 1864 et 1866

Arrivons aux évènements dont la rapidité a effrayé l'Europe entière. Au commencement de 1864, la Prusse et l'Autriche déclarent la guerre au Danemarck pour la possession des duchés qui relevaient de la Confédération germanique. Les troupes fédérales s'emparent du Holstein, du Sleswig et du Lauenbourg. Mais au moment de se partager les dépouilles du vaincu, les deux parties ne s'entendent pas, et, en 1866, la Prusse, voulant s'approprier à elle seule la conquête commune, se heurte contre l'Autriche et lui déclare la guerre. Mais elle n'est pas seule. Est-ce que la Vénétie n'est pas encore annexée à l'Autriche ? N'est-elle pas toujours convoitée par l'Italie ? C'est alors que, selon la sublime expression de M. Thiers, « la Prusse et l'Italie se donnent la main par dessus les Alpes pour attaquer l'Autriche ». Celle-ci gagne sur les Italiens, le 20 juin 1866, la bataille navale de Lissa et le 24, celle de Custozza. Mais au nord, le 3 juillet, les Prussiens lui infligent la sanglante défaite de Sadowa. L'Autriche ne peut plus tenir et dès le 5 juillet, son Empereur remet à Napoléon III la Vénétie qui va encore agrandir les Etats de Victor-Emmanuel. Chose bizarre ! l'Autriche, maîtresse au sud de l'Italie, lui abandonne une province ; vaincue au nord, elle n'y perd pas un pouce de son territoire ; seulement, l'ancienne Confédération, à laquelle elle appartenait, est dissoute ; une nouvelle confédération se forme au moyen de l'annexion d'une partie des Etats allemands à la Prusse et à son profit, sous l'habile direction de Bismarck, surnommé à juste titre le *Cavour allemand* ; mais l'Autriche en est exclue.

En 1867, Napoléon III, en face de ce développement démesuré et imprévu de la Prusse et grâce à son aveugle neutralité, ne songeant en tout cela qu'à *l'Italie affranchie*, a la velléité de vouloir acquérir sur le roi de Hollande, le duché de Luxembourg qui faisait partie de l'ancienne confédération ; mais les Prussiens, dont une garnison garde la forteresse, s'y opposent formellement et ne consentent même à s'en aller qu'à la condition que le duché sera sous la direction de la Hollande ; c'est un commencement de *récompense*.

Le Châtiment

Le 3 septembre 1870, à Sedan, des personnages importants sont en présence : Guillaume, Bismarck, Napoléon III. Il manque Cavour, Thouvenel et autres, tels que Havin, directeur du *Siècle*, journal partisan de l'unité italienne ; Hippolyte Carnot, un des administrateurs ou fondateurs de ce journal et dont le fils, Sadi Carnot, devenu président de la République, fut poignardé à Lyon par *l'italien* Caserio le 24 juin 1894. Victor-Emmanuel, occupé à mettre la main sur Rome, ne songe guère à nous ; ses soldats vont forcer les portes de la Ville Eternelle le 18 septembre, jour où les Prussiens mettront le siège devant Paris. Le vaincu de Sedan remet son épée à Guillaume devant Bismarck, à qui il a accordé tant d'audiences à l'époque de sa splendeur ! Que les temps sont changés ! Il prend le chemin de la Hesse électorale et se laisse conduire à Wilhemshohe. Dans ce trajet, qui doit être pour lui le chemin du Calvaire, il traverse des pays dont il rêvait peut-être il y a deux mois la conquête. Il laisse en arrière la France aux prises avec un ennemi redoutable ; sa femme, son fils, dont il ignore la destinée future. Et s'il savait que ce fils, objet de tant de soins, d'attentions et d'espérances, de 1856 à 1870, mourra un jour, obscurément, dans un coin perdu de l'Afrique méridionale, comme un aventurier vulgaire, frappé par la balle ou le poignard d'un sauvage, il s'écrierait, le cœur plein d'amertume : Mon Dieu, je vous ai donc bien offensé, pour que vous me traitiez avec tant de rigueur !

PARALLÈLE

Mars 1896.

L'Afrique a été le tombeau du descendant de Napoléon III; de même elle devient le tombeau de l'armée italienne.

L'Italie n'avait pas vu, sans un œil jaloux, Tunis, l'ancienne Carthage, s'ajouter à l'Algérie et devenir à côté d'elle une possession française. A son tour, l'Italie a voulu une colonie africaine ; mais la conquête qu'elle convoitait ne lui a donné que des déceptions. La nouvelle Rome est fatalement condamnée à expier tôt ou tard l'attentat qu'elle a commis il y a vingt-cinq ans. Dieu est lent à punir, mais il se venge à sa façon et à l'heure qui lui convient. De même que Bismarck a été son vengeur pour renverser le trône de Napoléon III, de même le négus Ménélik est celui qu'il s'est choisi pour châtier le gouvernement italien qui osa porter une main sacrilège sur le pouvoir temporel du Saint-Siège, malgré la Convention du 15 septembre 1864, traité par lequel il lui était interdit d'y toucher.

www.ingramcontent.com/pod-product-compliance
Lightning Source LLC
Chambersburg PA
CBHW051434060726
47596CB00006B/2487